BEI GRIN MACHT SICH IHR WISSEN BEZAHLT

- Wir veröffentlichen Ihre Hausarbeit,
  Bachelor- und Masterarbeit

- Ihr eigenes eBook und Buch -
  weltweit in allen wichtigen Shops

- Verdienen Sie an jedem Verkauf

Jetzt bei www.GRIN.com hochladen und kostenlos publizieren

Isabelle Glauner

Korrigieren und Verbessern im Sportunterricht

GRIN Verlag

Bibliografische Information der Deutschen Nationalbibliothek:

Die Deutsche Bibliothek verzeichnet diese Publikation in der Deutschen National-
bibliografie; detaillierte bibliografische Daten sind im Internet über http://dnb.d-
nb.de/ abrufbar.

Dieses Werk sowie alle darin enthaltenen einzelnen Beiträge und Abbildungen
sind urheberrechtlich geschützt. Jede Verwertung, die nicht ausdrücklich vom
Urheberrechtsschutz zugelassen ist, bedarf der vorherigen Zustimmung des Verla-
ges. Das gilt insbesondere für Vervielfältigungen, Bearbeitungen, Übersetzungen,
Mikroverfilmungen, Auswertungen durch Datenbanken und für die Einspeicherung
und Verarbeitung in elektronische Systeme. Alle Rechte, auch die des auszugsweisen
Nachdrucks, der fotomechanischen Wiedergabe (einschließlich Mikrokopie) sowie
der Auswertung durch Datenbanken oder ähnliche Einrichtungen, vorbehalten.

Impressum:

Copyright © 2009 GRIN Verlag, Open Publishing GmbH
Druck und Bindung: Books on Demand GmbH, Norderstedt Germany
ISBN: 978-3-656-48308-3

Dieses Buch bei GRIN:

http://www.grin.com/de/e-book/157552/korrigieren-und-verbessern-im-sportunter-
richt

GRIN - Your knowledge has value

Der GRIN Verlag publiziert seit 1998 wissenschaftliche Arbeiten von Studenten, Hochschullehrern und anderen Akademikern als eBook und gedrucktes Buch. Die Verlagswebsite www.grin.com ist die ideale Plattform zur Veröffentlichung von Hausarbeiten, Abschlussarbeiten, wissenschaftlichen Aufsätzen, Dissertationen und Fachbüchern.

Besuchen Sie uns im Internet:

http://www.grin.com/

http://www.facebook.com/grincom

http://www.twitter.com/grin_com

Ruprecht-Karls-Universität Heidelberg
Institut für Sport und Sportwissenschaft
WS 2008/2009
Proseminar: Bildung und Erziehung im Schulsport– Grundfragen der Sportpädagogik

Referentin: Isabelle Glauner
Datum: 27.1.2009

Korrigieren und Verbessern im Sportunterricht

I. Einleitung

Ausgehend von der Annahme, dass die Bewegung und die Bewegungserlernung die zentralen Inhalte des Sportunterrichts darstellen, muss man dem mit diesen Vorgängen verbundenem, zentralem Lehrerverhalten des Beobachtens, Korrigierens und Verbesserns besondere Aufmerksamkeit widmen.

Im Folgenden soll eingangs auf die einzelnen Begriffe und ihre Definitionen eingegangen werden. Anschließend stellt sich die Frage, was sich konkret hinter diesen Lehrtätigkeiten verbirgt und mit welchen Methoden man sie in der Schulpraxis umsetzen kann.

Weiterhin soll auf gängige und gehäuft auftretende Probleme des Korrigierens und Verbesserns eingegangen und abschließend ein Fazit gezogen werden.

II. Begriffserklärungen

1. Beobachten

Hierbei ist zu beachten, dass nicht jedes Zusehen oder Hinschauen des Lehrers auf eine Schüleraktivität automatisch ein Beobachten im engeren Sinne darstellt. Vielmehr werden Beobachtungen nach KRETZSCHMER und SCHERLER (1990, S. 43) als Wahrnehmungen definiert, die aufmerksam und gezielt geschehen, die einem Interesse oder einer Erwartung folgen. Zusätzlich sollte man auch weitere Sinneseindrücke (auditiv, taktil) in die Beobachtungen mit einbeziehen. Die Perspektive des Beobachtens ist in diesem Fall alleinig, die der Fremdbeobachtung, bei welcher der Lehrer die Schüler beobachtet und sich in deren Handeln hineinversetzen muss. Eine Selbstbeobachtung ist hierbei nicht von Bedeutung.

2. Korrigieren

Der Begriff des Korrigierens ist mit dem des zu beseitigenden Fehlers verbunden und setzt daher voraus, dass immer ein Sollwert (definierte, richtige Bewegungsausführung) und ein zu korrigierender Istwert (momentane, falsche Bewegungsausführung) existieren. Der Fehler wird daraus resultierend als Differenz zwischen Ist- und Sollwert definiert.

Verlaufsorientierte Bewegungen wie z.b. das Turnen haben einen relativ klar definierten Sollwert. Resultatsorientierte Bewegungen, wie man sie in den Sportspielen wieder findet, haben dagegen eine erheblich größere Bandbreite an Sollwerten. GÖHNER spricht daher nur von einem Fehler, wenn die Funktion der Bewegung nicht erfüllt wird. Ein richtiges „Korrigieren", also eine Beseitigung von etwas Falschem, findet daher eigentlich nur in verlaufsorientierten Sportarten statt. In resultatsorientierten Bewegungen kann demnach kein einheitlicher und allgemeingültiger Sollwert festgelegt werden, da in diesem Fall viele Bewegungslösungen das geforderte Ergebnis ermöglichen.

3. Verbessern

Aus oben genanntem Problem des Korrigierens hat man weiterhin den Begriff des Verbesserns eingeführt, bei welchem keine starre Einteilung in „richtig – falsch" erfolgt. Statt Fehler zu beheben werden beim Verbessern bereits vorhandene Qualitäten der Schüler weiterentwickelt. Daher haben hier Lernprozesse keinen Endpunkt mehr, vielmehr hat jeder Entwicklungsschritt seinen eigenen äquivalenten Wert im Vergleich zum Endprodukt.

Auch sollte man den Aspekt der Qualitätssteigerung im Vergleich zum Ausgangszustand der Schüler im Zusammenhang mit "sich verbessern" erwähnen.

Wichtig in Bezug auf die Begriffe des Korrigierens und Verbesserns ist die Tatsache, dass beiden ein Beobachten als grundlegende Voraussetzung vorangeht.

III. Thema: Beobachten

Sportlehrer beobachten während des Unterrichts vielfältige Inhalte (Bewegungen, Spielhandlungen, Taktik, Klassenkonflikte, Geräteaufbau,...), werden mit variierenden Beobachtungsausschnitten konfrontiert (ganze Klasse, bestimmte Gruppe/Mannschaft, einzelne Schüler, ...) und müssen sich daher entscheiden auf was sie ihre Beobachtungsabsicht legen wollen. Verschiedene Ziele des Lernens (Bewegungsfertigkeit, soziales Lernen, Sicherheit,...), welche verschiedenen Anforderungen an den Lehrer stellen, konkurrieren hierbei, sollten teilweise gleichzeitig verfolgt werden und stören sich daher oft gegenseitig. Das Beobachten des Lehrers kann folglich nur einen kleinen Teil der

Unterrichtsrealität erfassen, und daher sollte das Beobachtete auch immer aus der Lehrabsicht heraus erfolgen.

Eine gute Beobachtungskompetenz stellt einen Grundstein für den Berufserfolg eines Sportlehrers dar und ist erlernbar, da die Wahrnehmungsleistung beim Beobachten kenntnis- und übungsabhängig ist. Ein Lehrer kann sein Beobachtungsresultat durch 2 Maßnahmen verbessern. Zum einen indem er seine Erwartungen beeinflusst und seine Wahrnehmung steuert. Zum anderen indem er Strategien zur Wahrnehmung entwickelt. Wird z.B. ein bestimmter Fehler der Schüler vom Lehrer erwartet, so kann er diesen schneller erkennen und korrigieren („man weiß, wo und wann man hinzuschauen hat"). Jedoch muss man auch die äußeren Gegebenheiten beachten, da diese das Beobachten entscheidend verändern können. Der Lehrerstandort muss ausgehend von der Lehrabsicht gewählt werden (was will man sehen, und von wo aus kann ich das sehen?), damit man einen optimalen Blickwinkel, Blickfeld und Bildausschnitt auf das Unterrichtsgeschehen erhält.

IV. Thema: Korrigieren und Verbessern

Der Vorgang des Korrigierens besteht aus vielen Einzelhandlungen und stellt hohe Ansprüche in Bezug auf Erfahrung und Können an den Lehrer, weshalb es auch häufig als schwierige Lehrtätigkeit eingestuft wird. Der Lehrer muss in der Unterrichtspraxis kurzfristig auf Situationen reagieren und für die Lösungen aus zahlreichen Methoden auswählen, ein einfaches Schema X existiert hierbei nicht. Um diese Entscheidungen treffen zu können, gibt es einige Voraussetzungen für das Korrigieren und Verbessern, für eine erfolgreiche Korrektur/Verbesserung die erfüllt werden sollten.

Bei der eindeutigen Vermittlungsabsicht geht es um die Frage, was der Lehrer vermitteln will. Die Tätigkeiten des Korrigierens und Verbessern sind nicht von der Lehrhandlung zu trennen und für deren Erfolg muss eine eindeutige Lehrstrategie existieren. Ist diese nicht vorhanden und verfolgt der Lehrer mehrere Vermittlungsabsichten gleichzeitig, entstehen leicht Widersprüche, welche ein konsequentes und angemessenes Verbessern der Schüler und das erreichen der Lehrziele behindern. Eine klare und geschlossene Vermittlungsabsicht lässt den Sollwert leichter bestimmen, was auch den Zeitpunkt der Korrektur entscheidend beeinflusst. Bei offenen Aufgaben sind von vornherein weniger Fehler möglich, es muss aber auch entsprechend weniger korrigiert werden und höchstens Verbesserungen dürfen erfolgen.

Eine eindeutige Vermittlungsabsicht an sich ist jedoch nicht ausreichend um in einem angemessenen Maße korrigieren und verbessern zu können. Man benötigt zusätzlich ein handlungsrelevantes Wissen über die zu vermittelnde Sache. Der Lehrer benötigt daher eine detaillierte Bewegungsvorstellung, ein Verständnis der Bewegungszusammenhänge, ein geschultes Bewegungssehen sowie umfassende Eigenerfahrung um eine entsprechende Verbesserungsmaßnahme treffen zu können.

In Bezug auf die Methodenvielfalt des Lehrers ist die Chance eine zutreffende Maßnahme für die vorliegende Situation zu finden umso größer, je mehr Methoden dem Lehrer bekannt sind. Wichtig ist hierbei, dass man ein Gleichgewicht zwischen der Methodenvielfalt und dem konsequenten Anwenden eine einer schon bewährten Methode findet. Man sollte nicht andauernd neue Methode anwenden, jedoch auch nicht stur an einer alten, schon bewährten Methode festhalten, auch wenn die Situation mit ihr nicht zu lösen ist.

Betrachtet man die Einstellung zu Fehlern im Lernprozess, so sollten Lehrer ausreichendes Wissen über den Lernprozess und die Informationsverarbeitung der Schüler besitzen, um effektive Lernunterstützungen geben zu können. Für das Korrigieren ist vor allem die Rolle der Fehler entscheidend für das Lernen, da diese bei der Aneignung einer sportlichen Bewegung nur schwer auszuschließen sind. Nach SINGER haben Fehler, die sich während des Lernprozesses nicht verfestigen, durchaus einen positiven Einfluss auf die Technikerlernung. Daher sollte man auch nicht versuchen, sie gänzlich zu eliminieren, sondern vielmehr sehr bewusst ihnen umgehen, um so einen Lernerfolg erreichen zu können. Die Methode der Gegensatzerfahrung, bei welcher Fehler bewusst begangen werden, ist in diesem Zusammenhang sehr erfolgreich.

Um seine Fähigkeiten im Unterricht effektiv anwenden zu können sollte ein Lehrer zwingend die Lernvoraussetzungen seiner Schüler kennen und einschätzen können. Hierfür sind seine Beobachtungsfähigkeit und die daraus gezogenen Schlussfolgerungen entscheidend, da gewisse Verbesserungsmaßnahmen in bestimmten Altersgruppen an den kognitiven Lernvoraussetzungen der Schüler scheitern können.

Aber auch eine günstige Beobachtungsperspektive ist maßgeblich am Korrekturerfolg beteiligt.

Eine letzte Voraussetzung stellt das Korrekturwissen des Lehrers im engeren Sinne dar. Hierbei sind drei Größen für eine erfolgreiche Korrektur entscheidend. Zum einen der Zeitpunkt der Korrektur, wobei ein zu Korrigieren in frühen Lernphasen wie auch Korrekturen während der Bewegungsausführung zu vermeiden sind. Korrigiert man ca. 5-

25sec nach Ende der Bewegung erzielt man den größten Lernerfolg. Bei der Dosierung sollte man darauf achten, dass heftige und gehäufte Korrekturen eine schnelle Entmutigung und Demotivation bei den Schülern auslösen, oder sogar Lernblockaden verursachen können. Eine sparsame Dosierung ist daher effektiver. Bezüglich der Korrekturform ist Kürze und Anschaulichkeit, sowie ein individuelles Eingehen auf die verschiedenen Lerntypen der Schüler gefragt. Zudem sollte man auch das Alter der Schüler bei seiner Korrektur beachten.

Die Fehler der Schüler können aus verschiedenen Ursachen heraus resultieren. Eine erste Gruppe stellen die inneren Faktoren dar. Eine nur unzureichende Kondition oder Koordination, falsche oder lediglich unvollständige Bewegungsvorstellungen, mangelnde Motivation, aber auch unterschiedlichste Ängste können bei Schülern Fehler verursachen. Die zweite Gruppe bilden die äußeren Faktoren wie veränderte Geländebedingungen oder veränderte Geräte (ungewohntes Material), was jedoch in der Schule meistens nicht die Fehlerursache darstellt. Die dritte Gruppe sind schließlich die Vermittlungsfehler, also die Fehler seitens des Lehrers, auf welche ich später genauer eingehen möchte.

Für das Korrigieren und Verbessern haben sich 5 Methoden als sehr erfolgreich erwiesen. Bei der ersten Maßnahme soll das Wissen der Schüler über den Sollwert einer Bewegung und sein Unterschied zum bestehenden Istwert verbessert werden. Dazu kann man den Fehler erklären, richtige Bewegungsausführungen wiederholen lassen, aber auch das Fehlerhafte übertrieben demonstrieren um so die Diskrepanz den Schülern erfahrbar zu machen, da diese oft wissen was sie falsch machen, jedoch nichts dagegen unternehmen können.
Als zweite Maßnahme sollte man die Rückmeldung bei der Bewegungsausführung verstärken. Dafür eignen sich die Überkorrektur, bei welcher die fehlerhafte Bewegung übertrieben ausgeführt wird, sowie Körpererfahrungsaufgaben, die die Aufmerksamkeit der Schüler auf ihre eigene Körperwahrnehmung lenken. Aber auch weitere Möglichkeiten wie das Ausführen einer Bewegung mit der ungewohnten Körperseite und Gegensatzerfahrungen sind hilfreich.
Die Erleichterung der Bewegungsausführung erleichtert oder Reduzierung ihrer Komplexität stellt die dritte Maßnahme dar. Eine Möglichkeit wäre hier ausschließlich die zu verbessernden Teilbewegungen von den Schülern üben zu lassen (Reduzierung der Bewegungskomplexität), oder der Lehrer schafft erleichterte Bedingungen für die Gesamtbewegung. Wird nach dem Modell der methodischen Reihen gelehrt, kann vom Lehrer auf vorangegangene, leichtere Übungen zurückgegriffen werden.

Die vierte Maßnahme unterstützt die Bewegungsausführung. Hier werden den Schülern Hilfen angeboten, um die eigene Körperbewegung besser kontrollieren und steuern zu können. Lässt der Lehrer über zwingende Situationen ausschließlich „richtige" Bewegungen zu, so wendet der die fünfte und zugleich strengste Maßnahme an. Entweder kann der Lehrer durch eigenes, aktives eingreifen die Schülerbewegungen führen, oder er gestaltet seine Umgebung so, dass nur noch die richtigen Bewegungen erfolgen können.

V. Korrekturprobleme im Schulalltag

Das Korrigieren und Verbessern von Bewegungen der Schüler durch den Lehrer muss immer im Rahmen des Sportunterrichts gesehen werden. Dabei können leicht einige Fehler und Mängel seitens der Lehrer auftreten.

Einen ersten Punkt stellen die Lehrfehler dar. Einige Korrekturen werden allein der Tatsache geschuldet, dass der Lehrer Fehler in der Aufgabenstellung oder dem Unterrichtsarrangement, methodische Mängel also, erzeugt hat.

Bei geschlossenen Aufgaben, wie auch bei resultatsorientierten Aufgaben ist die Fehlerrate wesentlich geringer, als bei verlaufsorientierten Bewegungen. Viele Lehrer korrigieren auch resultatsorientierte Bewegungen wie verlaufsorientierte, sie korrigieren also Bewegungen die das Ergebnis erzielt haben, aber nicht dem Idealbild und Vorstellung des Lehrers entsprechen. Lehrer sollten also überprüfen, ob es bei ihrer Aufgabestellung überhaupt einen Sollwert gibt, oder die vermeintlichen Fehler nicht durch eigenes Tun ausgelöst werden.

Diese durchaus vermeidbaren Unterrichtsmissstände werden oft nicht erkannt oder aus Angst vor einem Autoritätsverlustes nicht behoben.

Ein weiterer Mangel ist die Korrekturflut einiger Lehrer. Sie korrigieren bereits bei Anfängern und in der ersten Phase der Bewegungserlernung, wobei sich hier begangene Schülerfehler zumeist im Verlaufe des Lernprozesses von selbst berichtigen. Ein häufiges Korrigieren zu diesen Zeitpunkten ist also oft völlig überflüssig, denn die Informationsflut behindert den Lernprozess der mit Korrekturen überfrachteten Schüler mehr, als dass er ihn fördert. Mehr als ein Fehler pro Zeitpunkt sollte nicht verbessert werden. Der Lehrer sollte sich also die Frage stellen, ob alle seine angedachten Korrekturen wirklich erforderlich sind.

Statt einer wünschenswerten Methodenvielfalt an Korrekturen ist eine Methodeneinfalt im Unterricht oft die Regel. Die verbale Korrektur ist häufig die einzig angewendete Methode und wird zudem in ihrer Effizienz überschätzt. Andere, höherwertig eingestufte Korrekturmöglichkeiten werden aufgrund des gesteigerten Aufwandes und höherem erforderlichen Wissens nicht umgesetzt. Daher sollte man überprüfen, ob außer der verbalen Methode nicht auch andere anzuwenden wären.

Das Korrekturmonopol der Lehrer, bei dem die Korrekturinitiative ausschließlich vom Lehrer ausgeht wird ebenfalls als Mangel angesehen. Eine eigenständige Bewegungsbeurteilung seitens der Schüler ist nur in den seltensten Fällen gegeben und man sollte daher den Schülern mehr Möglichkeiten eröffnen sich an Korrektur und Verbesserung der eigenen Bewegungen beteiligen zu können.

Einige Lehrer halten jedoch auch an langjährig angewendeten, stereotypen und inhaltlich sinnlosen Korrekturritualen fest, und missbrauchen ihr Korrekturmonopol ohne die Schüler qualitativ zu fördern oder zu verbessern.

Zudem ist die Korrektur kein Druckmittel um die in der heutigen Zeit oft schwindende Lehrerautorität zu erhalten oder die Machtposition des Lehrers zu stärken.

Lehrhandlungen können auch Nebenwirkungen haben, die das angestrebte Ergebnis in unerwünschter Weise beeinflussen und teilweise auch nicht zu Stande kommen lassen können. Zu häufiges und zu frühes Korrigieren kann die Lernmotivation der Schüler stark beeinträchtigen. Eine berechtigte Kritik muss immer in einer Art und Weise geäußert werden, die den Schüler nicht als „unfähig" vor seinen Mitschülern bloßstellt, und somit demotivierend statt verbessernd wirkt. Durch eine solche Bloßstellung kann sowohl das Selbstbild des Lernenden nahhaltig geschädigt, als auch die Lehrer-Schüler-Beziehung zerstört werden.

Lehrer sollten daher also auch immer die vermeintlichen Nebenwirkungen ihres Tuns vorab prüfen.

Einen letzten Punkt stellt der Wissensmangel vieler Lehrer dar. Das nur unzureichend vorhandene Wissen der Lehrer über den Lerngegenstand kann ebenfalls ein Grund für das Scheitern von Verbesserungsmaßnahmen sein. So werden Fehler teilweise gänzlich übersehen oder richtige Bewegungen als fehlerhaft erkannt. Weiterhin können Fehler auf falsche Uraschen zurückgeführt werden, wobei dann inadäquate Korrekturen die Folge sind. Lehrer sollten immer ihren Wissensstand des gerade behandelten Themas überprüfen, und diesen gegebenenfalls auffrischen, um überhaupt korrigierend und verbessernd in Aktion treten zu können.

VI. Fazit

Abschließend kann gesagt werden, dass die Lehrerhandlungen des Korrigierens und Verbesserns zentrale Vorgänge während des Sportunterrichts sind, gleichzeitig aber auch sehr sensible Bereiche darstellen und daher von den Lehrern ein hohes Maß an Aufmerksamkeit, Fachwissen und Einfühlungsvermögen einfordern.

Jeder Schüler und jeder Fehler ist in der jeweiligen Unterrichtssituation einzigartig und sollte daher nach Möglichkeit individuell verbessert bzw. korrigiert werden.

Auch wenn sich nach jahrelanger Lehrtätigkeit Korrekturrituale einzustellen versuchen ist man angehalten sein Korrekturverhalten selbstkritisch zu überprüfen und zu hinterfragen und daraufhin gegebenenfalls zu ändern.

Denn die Fehler nützen nicht als Machtmittel den Lehrern sondern sind wichtige Rückmeldungen für den Lernprozess der Schüler und sollten daher auch angemessen behandelt werden.

VII. Verwendete Literatur

Wolters, P. (2000). Beobachten, Korrigieren und Verbessern. In P. Wolters, H. Ehni, J. Kretschmer, K. Scherler & W. Weichert, *Didaktik des Schulsports* (S. 144 – 166). Schorndorf: Hofmann.

Nagel, V. (1990). Bewegungen interpretieren statt „Fehler" korrigieren. *sportpädagogik*, 14 (1), 48-53.

http://www.uni-flensburg.de/sport/downloads/Bewegungslehre_Biomechanik_sw.pdf (Zugriff am 3.12.2008)

http://user.phil-fak.uni-duesseldorf.de/~wastl/Wastl/Training/Referat-Bewegungskorrektur_Monika.PDF (Zugriff am 14.11.2008)